Atme & Blühe

Copyright © Redom Books 2025
Alle Rechte vorbehalten.

Der Inhalt dieses Buches darf ohne direkte schriftliche Genehmigung des Autors oder des Verlags weder reproduziert, vervielfältigt noch übertragen werden.

Unter keinen Umständen können der Verlag oder der Autor für Schäden, Wiedergutmachung oder Geldverluste, die direkt oder indirekt auf die in diesem Buch enthaltenen Informationen zurückzuführen sind, verantwortlich gemacht werden. Sie sind für Ihre eigenen Entscheidungen, Handlungen und Ergebnisse verantwortlich.

Rechtlicher Hinweis:

Dieses Buch ist urheberrechtlich geschützt und ausschließlich für den persönlichen Gebrauch bestimmt. Ohne vorherige Zustimmung des Autors oder Verlags dürfen Inhalte weder verändert, verbreitet, verkauft, genutzt, zitiert noch paraphrasiert werden, weder ganz noch teilweise.

Haftungsausschluss / Hinweis:

Bitte beachten Sie, dass die in diesem Dokument enthaltenen Informationen ausschließlich zu Bildungs- und Unterhaltungszwecken bereitgestellt werden. Es wurde größtmögliche Sorgfalt darauf verwendet, genaue, aktuelle, zuverlässige und vollständige Informationen bereitzustellen. Es werden keinerlei Garantien oder Gewährleistungen – weder ausdrücklich noch stillschweigend – übernommen. Die Leser erkennen an, dass der Autor keine rechtliche, finanzielle, medizinische oder sonstige professionelle Beratung anbietet. Der Inhalt dieses Buches wurde aus verschiedenen Quellen zusammengestellt. Bitte konsultieren Sie einen zugelassenen Fachmann/-frau, bevor Sie die in diesem Buch beschriebenen Techniken anwenden.

Durch das Lesen dieses Dokuments erklärt sich der Leser damit einverstanden, dass der Autor unter keinen Umständen für direkte oder indirekte Verluste haftet, die durch die Nutzung der in diesem Dokument enthaltenen Informationen entstehen – einschließlich, aber nicht beschränkt auf Fehler, Auslassungen oder Ungenauigkeiten.

Atme & Blühe

Eine weltweite florale Ausmalreise für Ruhe und Frieden.

Rosa Englerton

So verwenden Sie dieses Buch

Hallo und vielen Dank, dass Sie uns auf dieser Reise zu Frieden und Entspannung begleiten.

Dieses Malbuch kombiniert natürliche Motive mit Atemübungen, die Ihnen helfen, zu Ruhe und Entspannung zurückzufinden.

„Help Yourself" bekräftigt Ihr Recht auf Ruhe und Erneuerung. Es verlagert Ihren Fokus von Starrheit hin zu einem Gefühl von Freiheit und Leichtigkeit. Unterstützen Sie sich selbst mit mentaler Klarheit in chaotischen Momenten. Bestärken Sie Ihren Willen und Ihr Handlungsvermögen in stressigen Zeiten. Finden Sie einen sicheren Rückzugsort in Ihrem Inneren. Stellen Sie Ihre innere Stärke und Balance wieder her.

Das Buch enthält zehn Abschnitte, gefolgt von zehn großformatigen Blumenmotiven zum Ausmalen.

Beginnen Sie mit dem Lesen der Atemübung. Meditieren Sie einige Minuten darüber und beginnen Sie dann mit der Atmung. Schließen Sie die Augen. Suchen Sie nach dem Licht des Schöpfers. Entspannen Sie sich und legen Sie sich vertrauensvoll in Seine Hände.

Jetzt sind Sie bereit, Ihre liebsten Buntstifte, Wachsmalstifte oder Marker zur Hand zu nehmen und sich ganz in die Blume und die Farben hineinfallen zu lassen. Seien Sie frei. Stellen Sie sich vor, Sie befinden sich im Garten des Paradieses. Sie haben die Kontrolle. Die Blume ist Ihre Freundin und lässt Sie die Farben wählen, die Sie ihr schenken möchten. Gestalten Sie den Hintergrund mit Mustern – oder zeichnen Sie Ihre eigenen Blumen.

Wenn Sie mit dem Ausmalen fertig sind, betrachten Sie die Blume und wiederholen Sie die Atemübung. Wenn Sie Zeit haben, machen Sie einen Spaziergang im Park. Betrachten Sie das Grün, schauen Sie sich die Blumen an, nehmen Sie die Farben der Welt um Sie herum wahr.

Respira.
Alles ist in Ordnung.
Du bist jetzt stärker.

Gott segne dich!

Duft der Vorstellungskraft

Betrachte die Blume auf der gegenüberliegenden Seite.

- Schließe die Augen
- Stell dir den Duft dieser Blume vor
- Stell dir ihre Farbe vor

Der 5-4-3-2-1 Erdungsmoment

Was zu tun ist:

Innehalten und benennen:

- 5 Dinge, die du sehen kannst

- 4 Dinge, die du berühren kannst

- 3 Dinge, die du hören kannst

- 2 Dinge, die du riechen kannst

- 1 Sache, für die du dankbar bist

Bestärkender Spruch

Mit jedem Atemzug gleite ich in den Frieden.

Akazie – Senegal

Adenium – Arabische Halbinsel

Alhagi Maurorum – Katar

Allium – Europa

Alpenrose – Schweiz

Astroemeria – Chile

Akelei Canadensis – Kanada

Arktische Mohnblume – Norwegen

Argentinische Distelblume – Argentinien

Asagao – Japan

Duft der Vorstellungskraft

Betrachte die Blume auf der gegenüberliegenden Seite.

- Schließe die Augen
- Stell dir den Duft dieser Blume vor
- Stell dir ihre Farbe vor

Blütenblatt-Fall-Visualisierung

Schließe deine Augen und stell dir vor, wie ein einzelnes Blütenblatt mit jedem Ausatmen langsam herunterschwebt. Lass jedes fallende Blütenblatt einen stressigen Gedanken davontragen.

Bestärkender Spruch

Ich bin in diesem Moment verankert. Nichts anderes zählt gerade.

Azalee – China

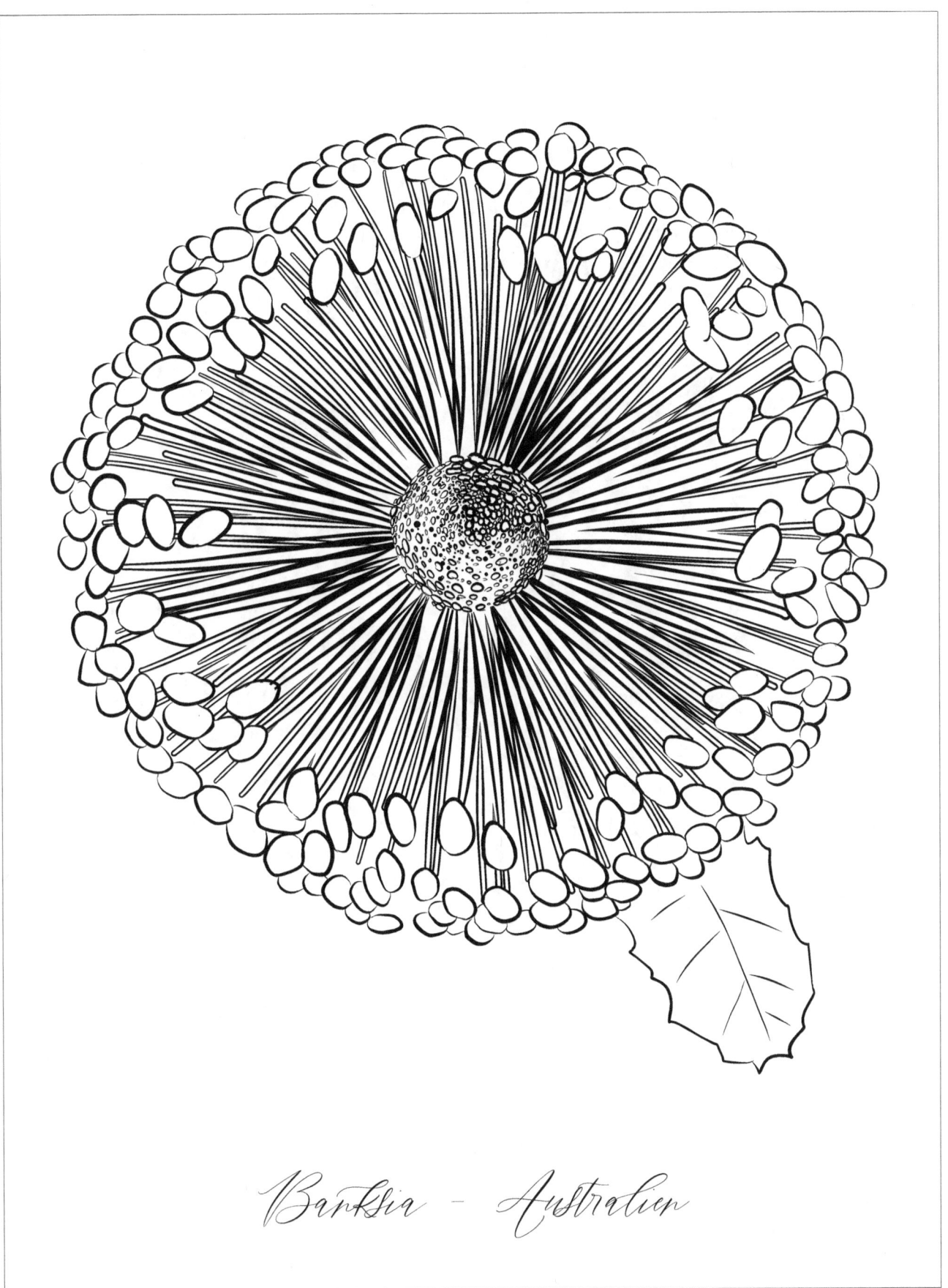

Banksia – Australien

Baobab-Blume – Madagaskar

Begonie – Brasilien

Blaurote Schwertlilie – Kanada

Blaue Passionsfrucht – Argentinien

Hasenglöckchen – England

Bougainvillea – Marshallinseln

Brotbaumblüte – Polynesien

Bromelie - Brasilien

Duft der Vorstellungskraft

Betrachte die Blume auf der gegenüberliegenden Seite.

- Schließe die Augen
- Stell dir den Duft dieser Blume vor
- Stell dir ihre Farbe vor

Hand aufs Herz, atme Frieden ein

- Legen Sie Ihre Hand auf Ihre Brust. Atmen Sie tief ein und sagen Sie in Gedanken: *„Ich bin sicher."*
- Atmen Sie aus und denken Sie: *„Ich bin ruhig."*
- Wiederholen Sie dies 3–5 Mal.

Bestärkender **Spruch**

Beim Ausatmen lasse ich los, was ich nicht kontrollieren kann.

Calypso bulbosa – Kanada

Glockenblume – Bulgarien

Karambolablüte – Indonesien

Cattleya trianae – Kolumbien

Ceibo-Blume – Argentinien

Champaka – Philippinen

Kirschblüte – Japan

Olivia – Südafrika

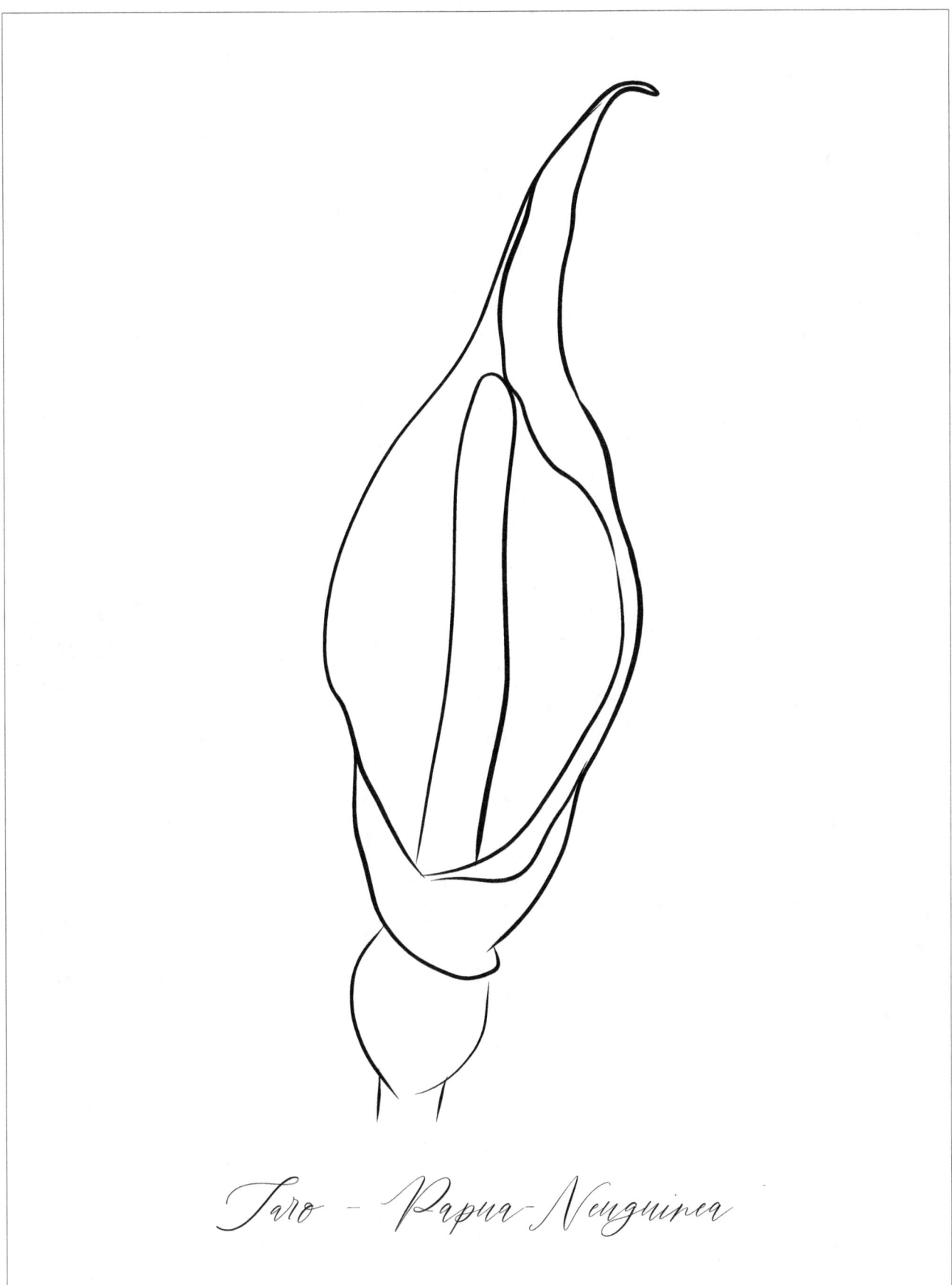

Taro – Papua-Neuguinea

Duft der Vorstellungskraft

Betrachte die Blume auf der gegenüberliegenden Seite.

- Schließe die Augen
- Stell dir den Duft dieser Blume vor
- Stell dir ihre Farbe vor

Der 60-Sekunden-Natur-Scan

Betrachte die Blume. Schließe deine Augen und studiere 60 Sekunden lang ihre Farben, Texturen und Formen. Nun male sie, wie du sie dir vorgestellt hast.

Bestärkender Spruch

Wie eine Blume im Sonnenlicht öffne ich mich sanft der Ruhe.

Chrysantheme – Frankreich

Crocus Sativus – Griechenland

Dahlie – Mexiko

Enzian – Schweiz

Euphorbia – Europa

Kantu - Peru

Kaffeeblüte – Äthiopien

Blume des Glücks – Madagaskar

Blüte des São João – Chile

Duft der Vorstellungskraft

Betrachte die Blume auf der gegenüberliegenden Seite.

- Schließe die Augen
- Stell dir den Duft dieser Blume vor
- Stell dir ihre Farbe vor

Das Atem-Match-Spiel

Atme für 4 Zählzeiten ein, halte für 4 Zählzeiten, atme für 4 Zählzeiten aus, halte für 4 Zählzeiten, und wiederhole dies, langsam und sanft. Versuch, den Rhythmus deines Atems an eine schwingende Blume anzupassen, die im Garten deiner Vorstellung blüht.

Bestärkender Spruch

Ich darf innehalten.
Ich darf atmen.

Tabakblume – Mittelamerika

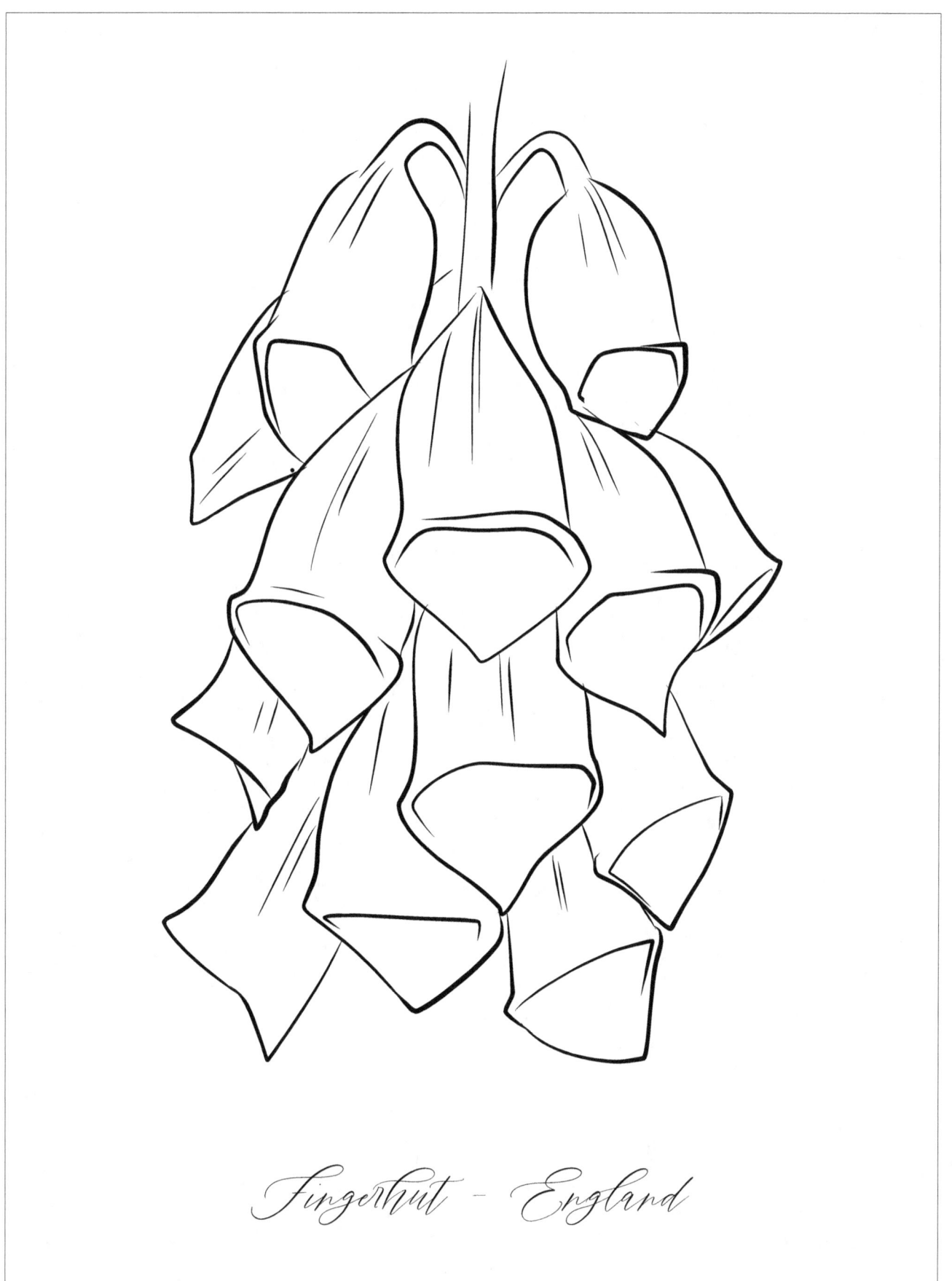

Fingerhut – England

Gerbera – Italien

Sonnenblume – Brasilien

Baumwolle – Afrika

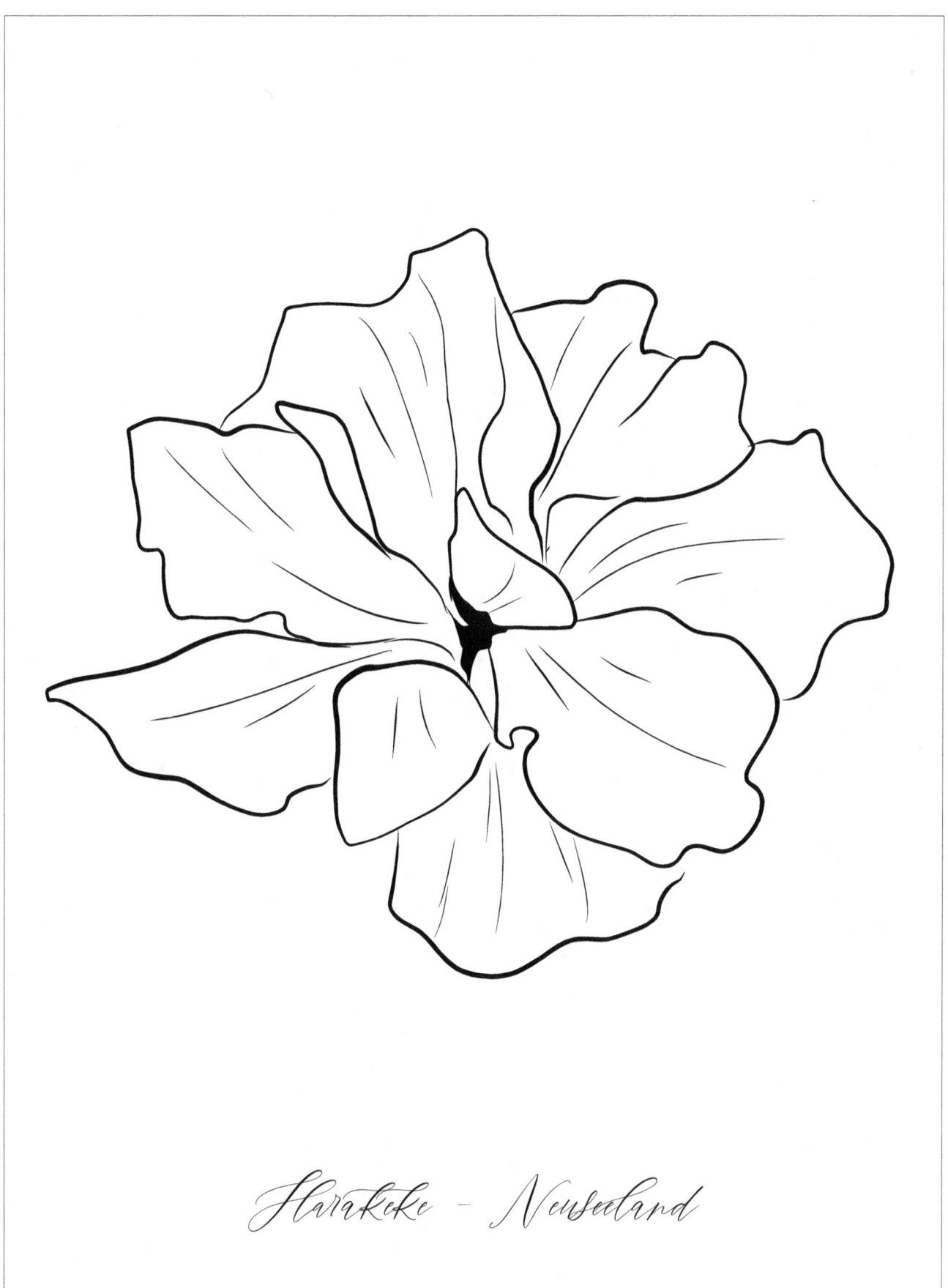

Harakeke – Neuseeland

Heliconia Rostrata – Kolumbien

Paz

www.ingramcontent.com/pod-product-compliance
Lightning Source LLC
Chambersburg PA
CBHW051353070526
44584CB00025B/3744